Karin Hildebrandt lebt und arbeitet in Aachen. Ihre schriftstellerische Arbeit begann sie mit lyrischen Werken: *»Das Lachen am Horizont«* (2010) und *»Es war 1x«* (2012). Es folgten Romane unterschiedlicher Genres. Ihr aktueller Lyrikband *»Glaubst du, dass der frühe Wurm wartet auf den Vogel«* beschreibt Gedanken, Beobachtungen und Erlebnisse aus unserem Alltag.

Karin Hildebrandt

Glaubst du, dass der frühe Wurm wartet auf den Vogel?

Gedichte

© 2021 Karin Hildebrandt

1. Auflage 2021

Autor: Karin Hildebrandt
Umschlaggestaltung, Illustration: Christiane Kurschildgen

Verlag und Druck: tredition GmbH, Halenreie 40-44, 22359 Hamburg

ISBN Paperback: 978-3-347-28970-3
ISBN Hardcover: 978-3-347-28971-0
ISBN e-Book: 978-3-347-28972-7

Bibliografische Information der Deutschen Nationalbibliothek:
Die Deutsche Nationalbibliothek verzeichnet diese Publikation in der
Deutschen Nationalbibliografie; detaillierte bibliografische Daten sind im
Internet über http://dnb.d-nb.de abrufbar.

Inhalt

EINLEITUNG

Das Dichten gehört zu meinem Leben wie das Lesen von Büchern. Mal ist es ein intensives Formulieren und Suchen nach Worten, mal ein schnelles Hinwerfen von Gedankenspielen. Auf jeden Fall mag ich mir ein Leben ohne diese Möglichkeiten der Beschäftigung und Auseinandersetzung mit Themen und Menschen nicht vorstellen. Wenn ich gefragt werde, wie die Ideen zu mir finden, so kann ich nur sagen, dass ich meist von einem Ereignis, einer Erkenntnis oder einer Anregung berührt werde. Und dieser innere Anreiz ist die Initialzündung für mein Phantasieren. Das Ideale ist also, wenn ein innerer und ein äußerer Impuls zusammenfinden. Dann fließen die Ideen aus mir heraus, als habe sich eine Schleuse geöffnet. Fehlt diese Verknüpfung, ist das Dichten mühsam und anstrengend und ich gebe mein Vorhaben meist schnell auf.

Eines sollte ich noch erwähnen, obwohl es beim Lesen allzu offensichtlich ist: Ich liebe es zu reimen und nur wenige Gedichte folgen einer freien Form.

Im vorliegenden Band entwickelt sich die Poesie aus einem Dialog mit einem virtuellen Gesprächspartner: Glaubst du, dass ... ? Glaubst du an ... ?

Jedes Gedicht hat mich zum Nachdenken angeregt und manchmal auch zum Träumen, Spekulieren oder Lachen und ich würde mich freuen, wenn ich ein kleines Stück davon an Sie weitergeben könnte.

Ich wünsche Ihnen eine kurzweilige und inspirierende Unterhaltung.

Ihre Karin Hildebrandt

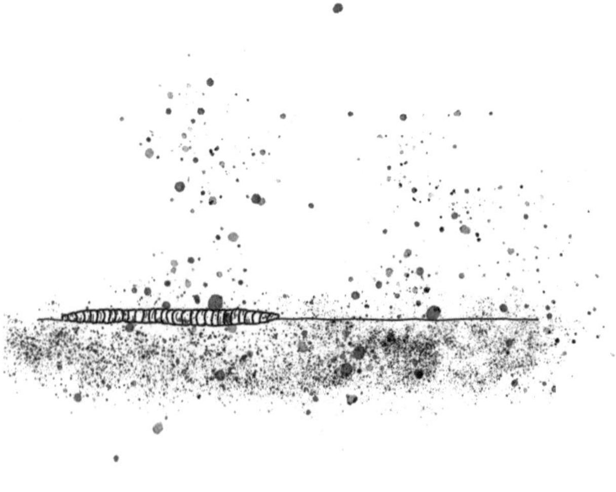

Der frühe Wurm

Glaubst du, dass der frühe Wurm
wartet auf den Vogel?
Dass er zeigen will der Welt
seine Klugheit, seinen Geist,
wenn er dann ob Dunst, ob Sturm
und ohne Tricks und ohn Gemogel
wendet sich zur Unterwelt
und vom Hochmut wird verspeist.

NEUJAHR

Ich schaue auf das Neue Jahr.
Im Glanz der Lichter war es da.

Was mag es bringen?
Wird das gelingen,

was ich gern hätte?
Ich wette,

es bringt viel Wunderbares,
sehr viel klares

und kein trübes Licht
in meine Sicht

des Lebens.
Ich glaube, dann ist nichts vergebens.

Freundschaft

Glaubst du an den Wert von Freundschaft,
eine lebenslange Kraft,
die verbindet, die vereint,
ob man feiert oder weint?

Oder ist es nur ein Wunsch,
der wächst mit jedem Gläschen Punsch,
mit Bier, mit Wein, mit jedem Kick,
der nach und nach verklärt den Blick?

Oder sind es tiefe Sorgen,
die im Herzen ruhn verborgen,
Angst vor dem Alleinesein,
da wo hilft kein Bier, kein Wein?

Freundschaft ist ein großer Wert,
ein Gegenpol zu Hass und Schwert
und keine Selbstverständlichkeit,
manchmal ein Geschenk auf Zeit.

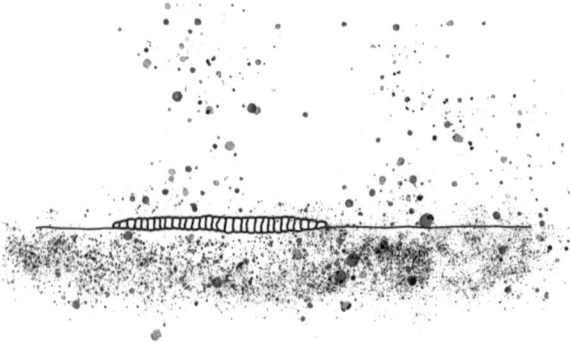

DIE LIEBE

Glaubst du an die Kraft der Liebe,
auch wenn sie nicht bei dir bliebe

und nach jahrelangem Glück
versiegte langsam Stück für Stück?

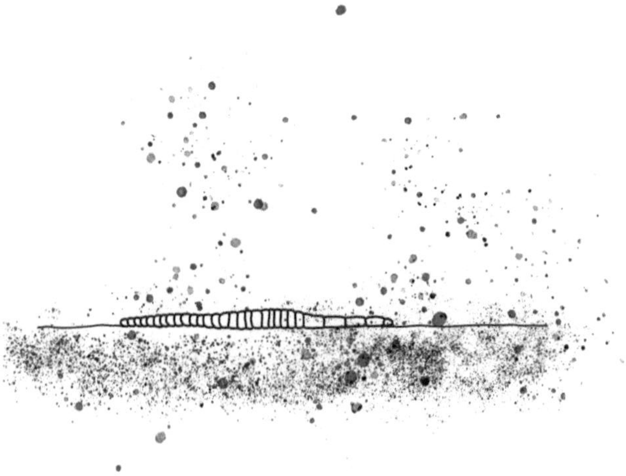

EIN DICKER BAUCH

Glaubst du, dass ein dicker Bauch
einen Mann erotisch macht?
Weil der Wanst, so protzig auch,
über jeder Hose lacht.

Nur die stärksten Knöpfe halten
alle Hemden in der Form.
Sonst gibt's nichts mehr zu gestalten,
darin gehen wir konform.

Schau, wie stolz und grad sie schreiten,
diese Leidenschaftlichkeit!
Könnte sie nur uns begleiten
bei der runden Weiblichkeit!

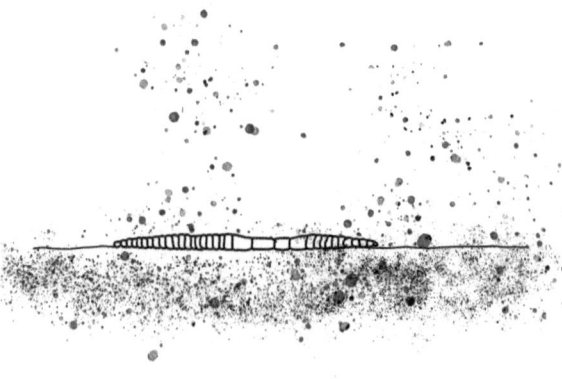

Im Café

Die Stadt erwacht, ein besonderes Flair.
Die Menschen kommen zum Frühstücken her,
sie gähnen verschämt.

Ich mag diese schläfrige Ruhe am Morgen.
Die Hektik des Tages ist noch verborgen.
Die Nacht vorbei.

Die eine liest Zeitung, der andere döst,
der dritte sinniert, wie er das Tageswerk löst.
Ich beobachte gerne.

Ich glaube immer, wenn die Stadt erwacht,
mein Herz im Stillen glücklich lacht.
Das Neue beginnt.

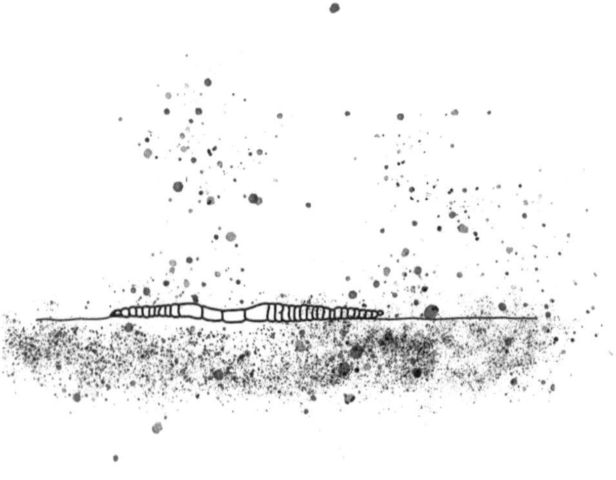

Handarbeiten

Glaubst du auch, dass Handarbeiten,
so wie Häkeln, Nähen, Stricken,
beruhigen können, die Sinne leiten
und alle Hast und Unrast ersticken?

Du siehst, wie Neues entsteht,
wie es langsam in deinen Händen wächst.
Du spürst, wie die Phantasie in deinen Geist weht,
während du nebenbei den Rotwein schmeckst.

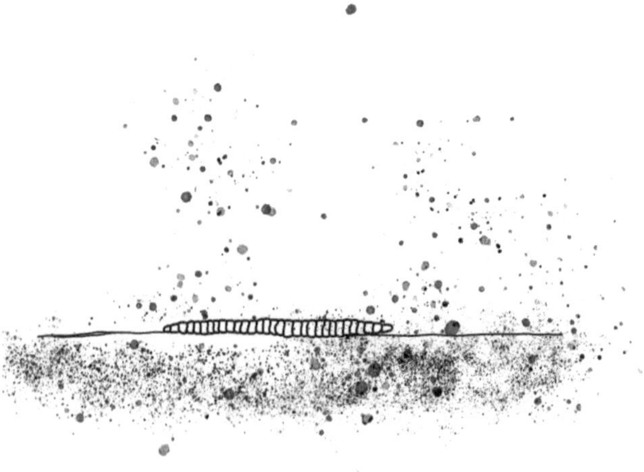

HUNDESICHT

Glaubst du auch, dass jeder Hund,
der ausgeführt wird Stund um Stund
vom Herrchen, Frauchen, jung und alt,
auf Wiesen, Feldern, durch den Wald,
bei Regen hastig und in Eile,
bei Sonne eine lange Weile,
dass jeder Lumpi schweigend sagt:
Es ist der Mensch, der hier verzagt
und sich verzehrt in Einsamkeit,
drum teil ich mit ihm Freud und Leid.

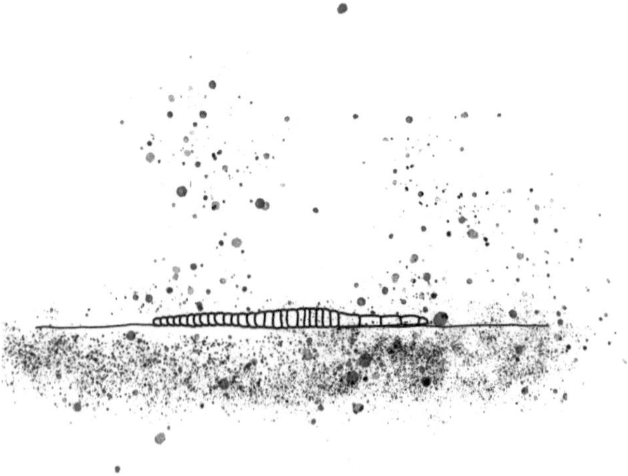

CORONA

Glaubst du an die Kraft des Virus,
seine Lust, sich zu verbinden
mit uns allen, um am Schluss
völlig leise zu verschwinden?

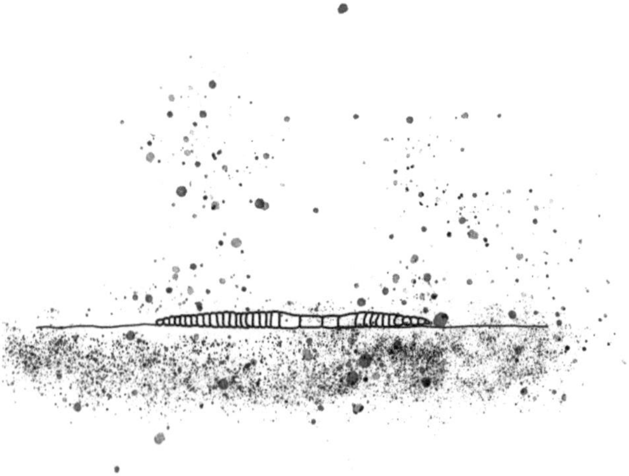

SINNFRAGEN

Glaubst du auch, dass alles im Leben einen Sinn hat,
auch wenn wir ihn nicht sehen, ihn nicht verstehen?
Es ist schwer, dies zu glauben bei manchem Geschehen,
zum Beispiel bei Corona oder einem Attentat.

Wenn alles glatt läuft, sieht man überall
das Gute, den Sinn, den eigenen Lohn,
manchmal gar eine Faszination
für das Leben mit seinem lauten Schall.

Doch wenn die Dinge anders laufen als unser Plan,
bleiben Fragen, Fragen, Fragen ...
Warum brauchen wir immer ein Weltenklagen,
um endlich zu forschen, ganz profan.

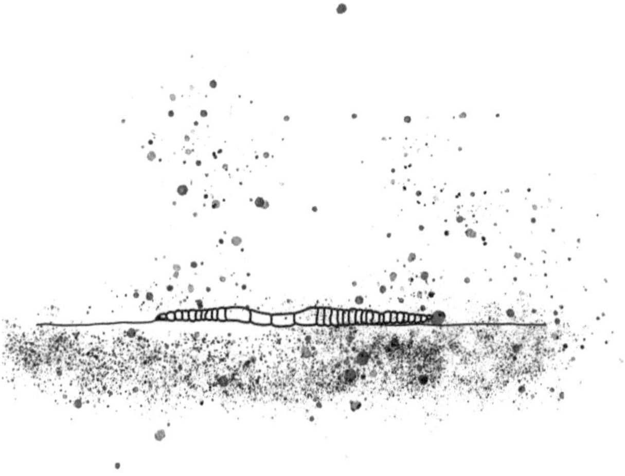

ALTE WÖRTER

Ich glaube, ich möchte so manches Wort,
nur halten, halten, halten
und sehne mich nach einem Ort
für Wörter, die halt gestern galten.

Noch kennst du welche, denkst nicht dran,
sie an die Kids zu geben,
denn sie sind alt und irgendwann
zu unmodern fürs Leben.

Ich denke da an alter Quatschkopf,
Mottenkiste und kommod,
Schutzmann, Vettel, Hahnrei, Tropf,
vergessen auch das Hasenbrot.

Peterwagen und Galoschen,
Katzenjammer, Federvieh.
Kennst du noch die Mark, den Groschen?
Herrlich, diese Nostalgie!

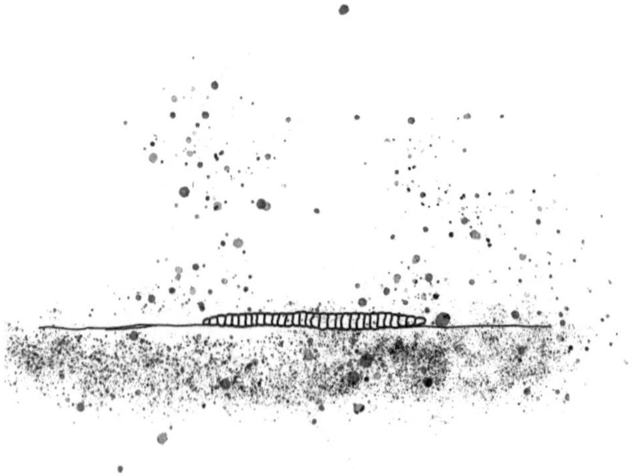

Leben

Ich glaube, ich will mich nicht fügen,
will nicht genügen,
will auch nicht rügen
und mich selbst betrügen,
vor allem nicht lügen.
Ich will nur leben in vollen Zügen.

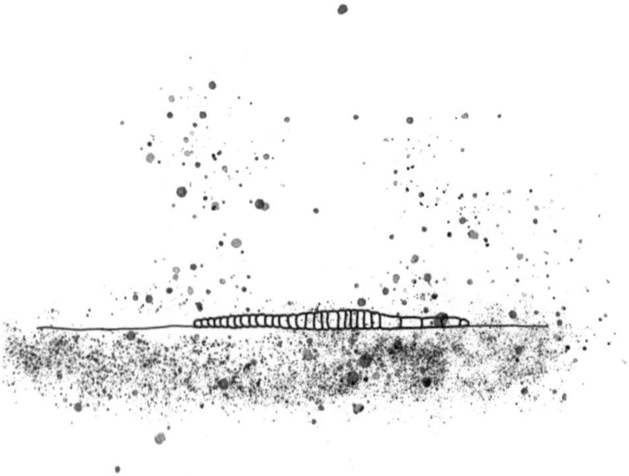

Kraft der Erde

Glaubst du an die Kraft der Erde?
Dass sie unser Menschensein
trotz allem überleben werde,
sich erhält den blauen Schein?

Sie erhielt den schönen Namen,
der für frische Farben steht.
Als wir Menschen schließlich kamen,
welkte schnell der blue Planet.

Wie können wir sie heut beschreiben?
Grau und blass, schon ohne Glanz.
Wo sollen wir demnächst nur bleiben
mit dem ganzen Firlefanz?

Wo ist unser Kopf geblieben,
der uns sagt: Seid endlich klug!
Wo ist unser Herz geblieben,
das uns sagt: Es ist genug?

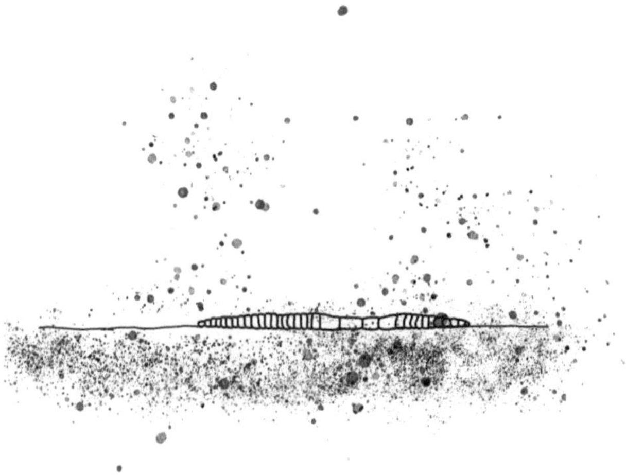

SCHOKO-EIS

Glaubst du, dass das Schoko-Eis
sich gleich auf meine Hüften legt
und die Sahne, fluffig weiß,
dieselben Ambitionen hegt?

Das wäre mehr als hinderlich,
denn dort ist nur noch wenig Platz.
Mein Kleid schmiegt sich schon ärgerlich
zu eng vom Bauch zum Latz.

Vielleicht kann jede Kalorie
auf ihrem Weg zum Bauch
ein wenig schlendern irgendwie
und sich verliern wie Rauch …

Spur im Sand

Glaubst du, dass diese Spur im Sand
uns führt zu unserem Märchenland,
das seinerzeit ich mit dir fand
und du mit mir doch auch gekannt?

Wir gingen innig Hand in Hand
und Jahr um Jahr an unsrem Strand.
Das Glück, es schien in unsrer Hand,
so hell und klar am Meeresrand.

Glaubst du, dass diese Spur im Sand,
dies Zeichen an der Waterkant,
uns führt zurück zum Märchenland?
Das Leben ist ein Komödiant.

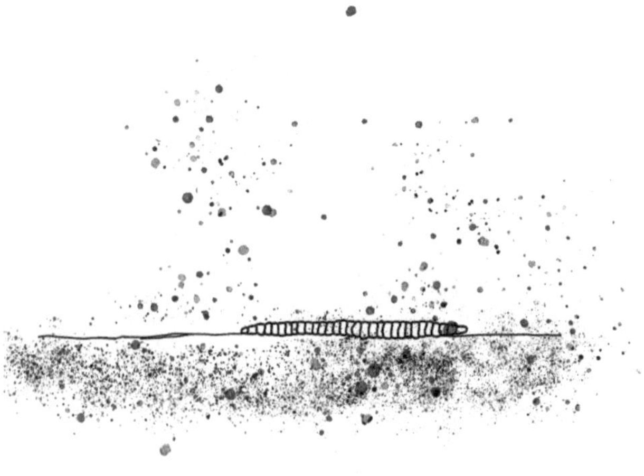

REISEN

Glaubst du auch, dass das kleine Virus Corona
uns lehrt, uns zu bescheiden
und viele Reisen nach Oslo oder Verona,
New York, Shanghai oder Leiden
zu überdenken? Wir jagen durch die Welt,
als gebe es sie morgen nicht mehr.
Dabei verlieren wir sie stolzgeschwellt.
Was soll also der ganze Verkehr?

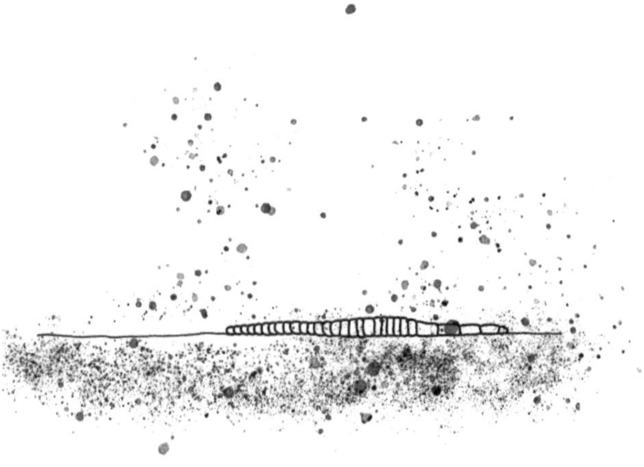

ALLEINSEIN

Ich glaube, dass wir zu wenig alleine sind
mit unserem eigenen Herzenswind,
mit unseren Gedanken
ohne Schranken,
mit unseren Gefühlen,
kreisend in den Alltagsmühlen,
mit unserer Vergangenheit,
in Freiheit oder Abhängigkeit,
mit unseren Träumen,
die vergessen unsere Wege säumen,
mit unseren Ideen,
die täglich verwehen.

Lasst den Kopf einfach mal ruhn,
lasst uns für Stunden gar nichts tun
und warten, was passiert.
Was war so lange isoliert
und ruft nun lauthals: Hier! Hier! Hier?
Was du findest, will dann zu dir,
war lange tief vergraben.
Vielleicht sind's besondere Gaben,
die voller Kreativität
ganz aufgebläht
dein Herz erfreuen.
Probier's! Du wirst es nicht bereuen.

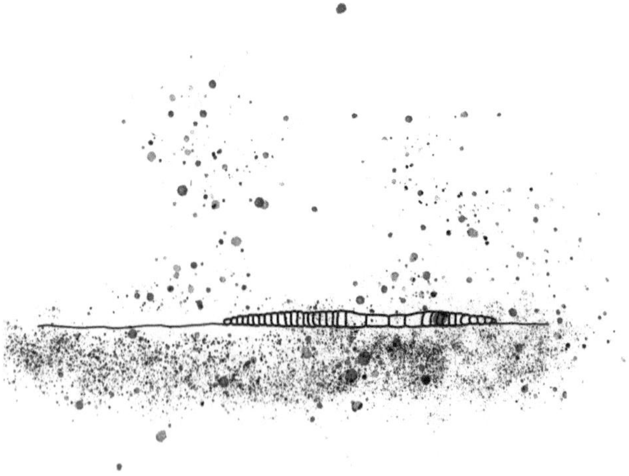

Die innere Stimme

Ich glaube nicht an dich,
klagt die innere Stimme weinerlich
und dennoch ziemlich aufdringlich,
doch keineswegs bedauerlich.

Warum denn nicht?

Glaubst du denn selbst an dich,
traut sich die Stimme säuerlich
und wenig kameradschaftlich,
um nicht zu sagen unsportlich.

Und jetzt?

Was weiß denn ich?
Wenn du selbst nicht glaubst an dich
ist meine Arbeit maßgeblich
nur hinderlich.

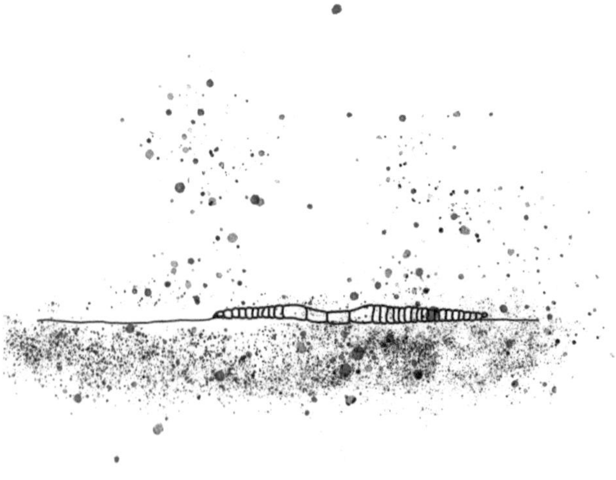

EWIGKEIT

Glaubst du an die Ewigkeit,
an das Leben ohne Zeit?
Leben an Leben aneinandergereiht
in Glamour oder Biederkeit,
mit Freunden oder auch entzweit,
gefangen in der Frömmigkeit,
mit Ängsten, die dich meilenweit
begleiten voller Munterkeit
oder in Gefährlichkeit,
allezeit zur Flucht bereit.
Manche Leben voller Leid,
mit Frust und Mittelmäßigkeit.

Glaubst du an die Kostbarkeit
der Leben in Unendlichkeit?
Die Chance, seine Dürftigkeit
zu wandeln in Empfänglichkeit
für frohe Ausgelassenheit
und wahre tiefe Heiterkeit,
Respekt und Ungebundenheit
des Geistes. Frieden als Geleit
für Zukunft und Vergangenheit.

Dieser Art von Seligkeit
schenkte ich nur Dankbarkeit.

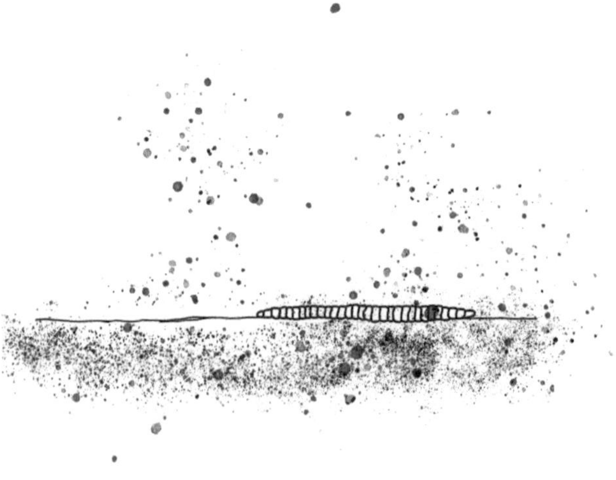

WEIHNACHTSTRAUM

Glaubst du an den Weihnachtstraum,
den Glanz, das Licht am Weihnachtsbaum,
den stories von dem Weihnachtsmann,
der Gutes für uns bringen kann,
für jeden und die ganze Welt,
ganz ohne Glimmer, ohne Geld …?

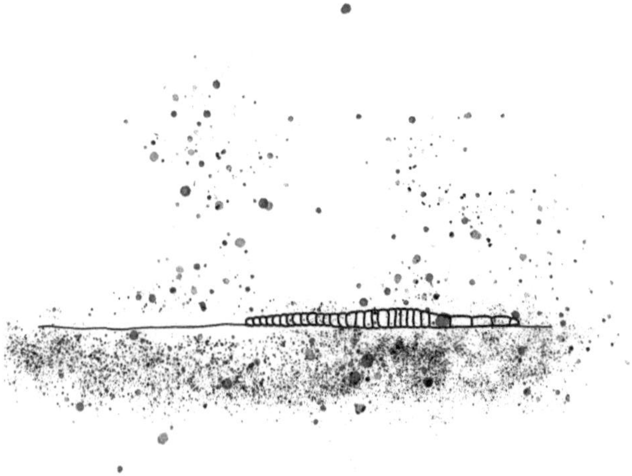

KRAFT DER NOT

Glaubst du an die Kraft der Not,
der Ängste und des Mangels?

Für mich ist sie das täglich Brot,
der Grund des Weltgerangels.

Gefärbtes Haar

Glaubst du, dass gefärbtes Haar
uns Frauen deutlich jünger macht?
Ein hehrer Wunsch, das ist schon klar
und sicherlich auch gut gedacht.

Doch wieviel Farbe muss es sein,
dass alle Falten werden weich
und unsichtbar und sichtlich fein,
dem weichen, frischen Pfirsich gleich?

Was ist mit haselnüsschenbraun,
mit Strähnen, dick, fast feuerrot?
Egal! Wir müssen uns nur traun.
Denn wer nichts wagt, ist tot.

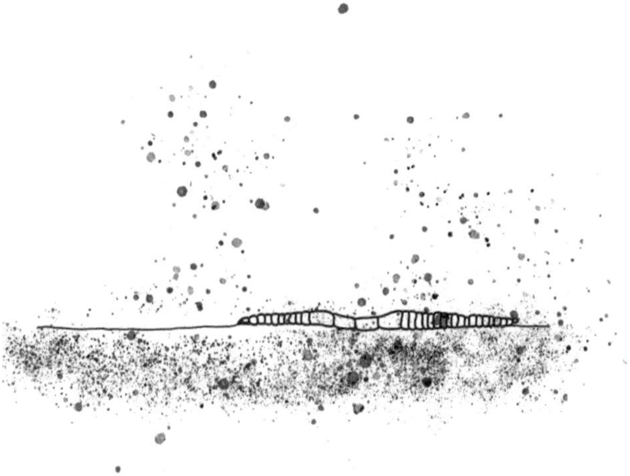

Familienkuss

Glaubst du, dass deine Familie
für dich und für Ottilie
ein Hort für Nähe und Vertrauen ist?
Ich sehe, wie du dich vergisst.
Du lebst nicht mehr dein eignes Spiel.
Nein, **ihr** Vergnügen ist dein Ziel
und **ihre** Sicherheit, **ihr** Halt.
Bei dem Gedanken wird mir kalt.

Schau hinter ihre Schein-Kulissen!
Alle lassen eins vermissen:
Echtes Miteinanderleben,
echtes Nehmen und auch Geben.
Ja, sie nehmen und du gibst,
weil du die Familie liebst,
Weil's wohl so geschehen muss.
Das nenne ich Familienkuss.

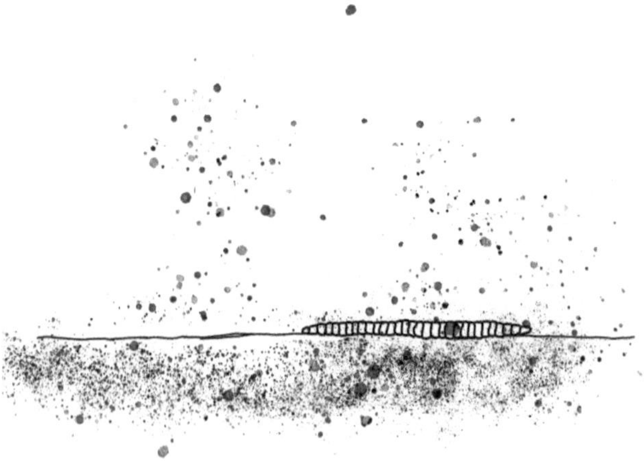

Lyrik-Kick

Wenn der Tag erwacht
und die Sonne noch nicht lacht,
doch die Nacht schon vergessen,
dann kann ich kaum ermessen,
was die Natur vollbringt,
wie sie mich beschwingt,
wenn ich am Schreibtisch sitze
und den Bleistift spitze.

Ich schau in den Garten
und kann es kaum erwarten,
dass die Blumen erblühn
und die Blätter werden grün.
Jetzt sind die Zweige kahl,
doch auch das ist nicht trivial,
denn der Himmel öffnet seine Tore
und schickt ein Blau von der Empore.

So ist mir jede Jahreszeit
fürs Schreiben eine Kostbarkeit.
Und mancher morgendliche Blick
schenkt mir einen Lyrik-Kick.
Nun sehe ich ein Hörnchen springen
und höre einen Vogel singen.
Ich glaub, es ist ein grüner Fink,
doch weiß ich's nicht, ich Schreiberling.

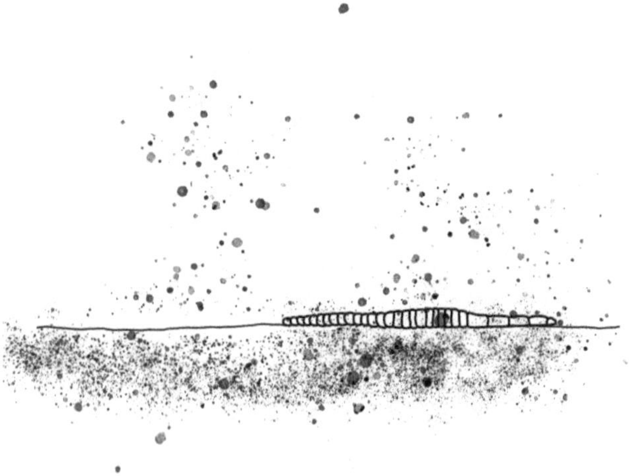

DIE ERDE

Glaubst du auch, das unsre Erde
eine große Kugel ist,

die wächst und wächst, sich stetig weitet,
bis sie uns dann doch vergisst,

verglüht und ins Nirwana gleitet,
sich einfügt in die Sonnenherde?

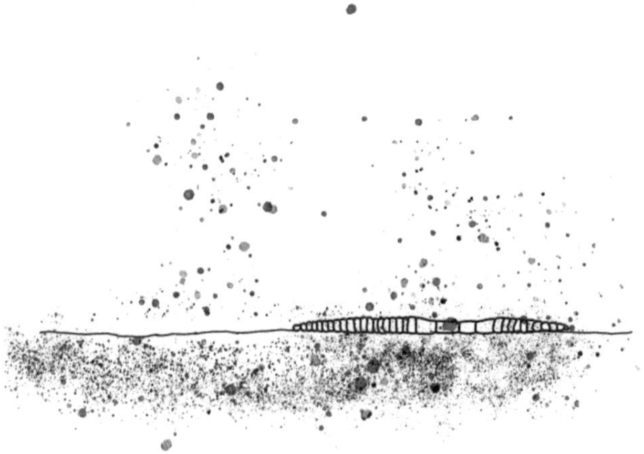

COVID

Wenn Covid uns was zeigen soll,
dann habe ich die Nase voll
von seinem langen Leben,
von seinem zähen Streben.

Wenn Covid uns was zeigen will,
geschieht es unsichtbar und still.
Dann müssen wir wohl ins uns gehn
und ehrlich nach dem Rechten sehn.

Wenn Covid uns was geben kann
aus seiner Sicht als Rettungsmann
und dazu diesen Plan ersann,
ist er ein zynischer Tyrann.

Wenn Covid uns was sagen soll,
dann habe ich die Nase voll.
Ich glaub, die Zeit war lang genug
für seinen großen Angriffszug.

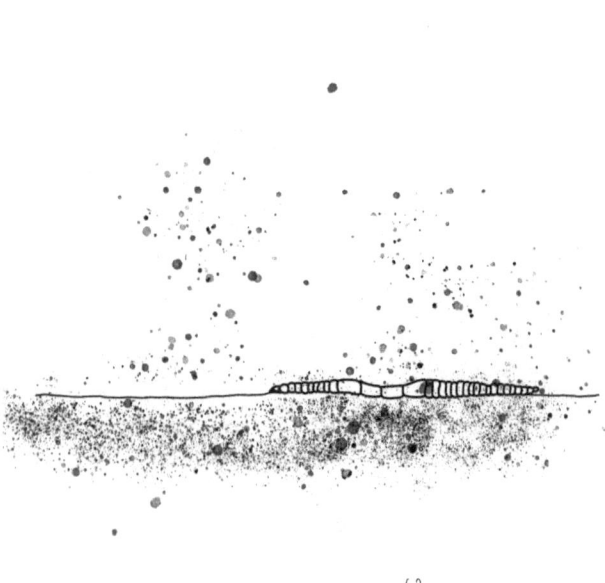

SÜßE VERLOCKUNGEN

Glaubst du, dass 'ne Tasse Tee
das Herz erwärmt, die Sinne weckt?

Ich sitze hier in dem Café,
wo alles immer so gut schmeckt.

Wo alles lockt und schreckt zugleich,
die engen Röcke schreien.

Bei Sahnetorte werd ich weich,
der Bauch muss mir verzeihen.

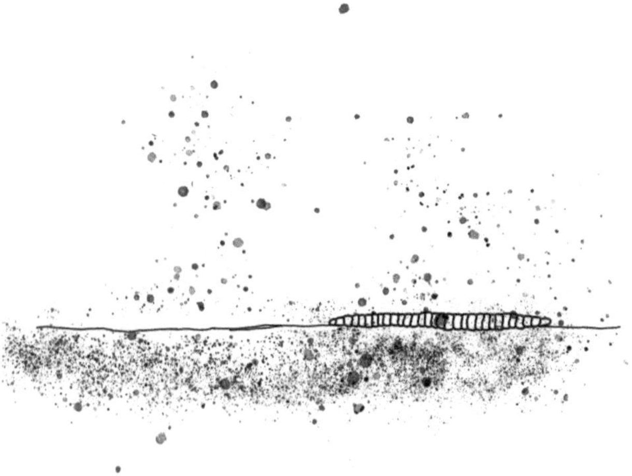

KAMERADSCHAFT

Da sitzt er vor mir, schaut mich an,
mit einem Blick, durchaus global,
die ganze Welt darin vereint,
mit ihrem Schmerz, ein wunder Schrei.

Ich packe aus dem Cellophan
mein Brötchen mit dem Räucheraal.
Der Fisch ist üppig, gut gemeint,
nach dieser argen Plackerei.

Ich freu mich wie ein Blödian
auf dieses generöse Mahl.
Mein Kamerad ist angeleint.
Ich beiß ins Brötchen und vorbei …

… sind Empathie für den Kumpan
und jede Lust auf kollegial.
Jedoch der Blick von Lou beweint
nun mich und meine Völlerei.

So kommt's wie immer, ganz spontan,
dass ich sehr selbstlos, kollegial,
und mit dem Hund im Glück vereint,
das Brötchen teil. Es sei!

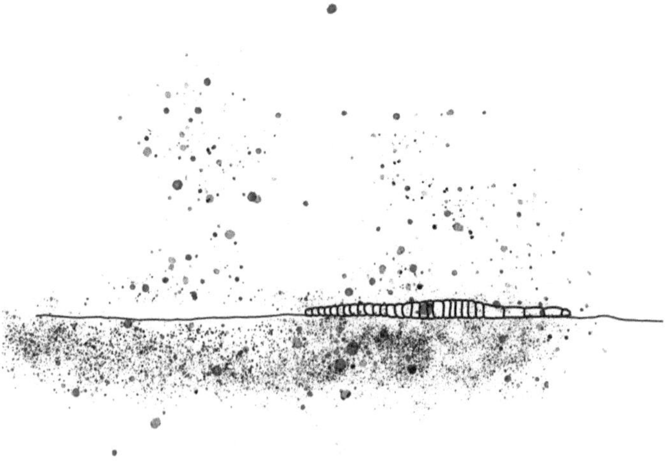

Die Vulkane der Erde

Glaubst du, dass Vulkane die Erde retten?
Um sie zu schützen vor der Masse
der Menschen, die sich vermehren so zügellos,
ohne dass der Globus sie kann betten
auf Dauer, unabhängig von der Rasse,
denn dafür ist zu klein ihr Schoß.

Für uns bringen Vulkane den Tod.
Sie verbrennen die Natur,
ersticken alles unter Schlamm
von heißem Magma glutenrot.
Ist das für uns 'ne Abschiedstour
und für die Welt ein Schutzprogramm?

BÜCHERWURM

Glaubst du, dass ein Bücherwurm
immer sitzt in einem Turm
von Büchern, Heften, Schreiberei
und dicht gedrängt mit allerlei
besondren Süßigkeiten,
so dass die vielen Seiten
der spannenden Geschichten
den Geist ein wenig richten,
den Magen sanft verwöhnen,
den Bauch schon mal verhöhnen.
Daneben stets die Kanne Tee
vielleicht auch mal etwas Kaffee,
am Abend gern ein Gläschen Wein,
damit der Text sich präget ein.
Das klingt so wunderbar gemütlich,
so dass auch ich
so gerne wär ein Bücherwurm
im eignen kleinen Leseturm.

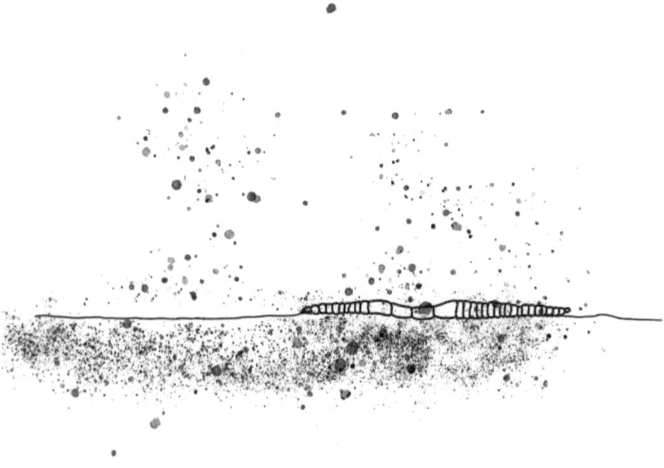

WEIHNACHTEN

Glaubst du an die Mystik von Weihnachten?
Dass ferne Mächte uns den Frieden brachten,

den wir verloren
als wir geboren
in diese unbarmherzge Welt,
die scheinbar allen gut gefällt.

Doch die Mystik scheint immer noch da
und für jeden von uns sehr nah.
Ich versuche, ein Fädchen zu fassen
und in mein Herz zu lassen.

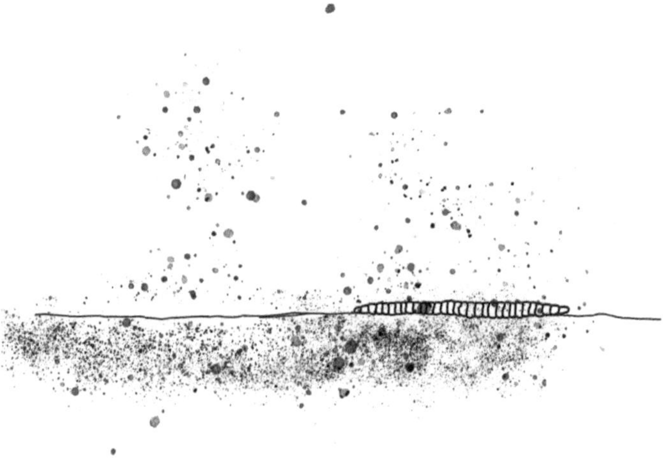

Große Meister

Glaubst du an die großen Meister,
wenn sie von einer besseren Welt erzählen?
Oder lesen wir nur Geschichten der Geister,
die es nicht schafften, sich zu stählen
und von der Masse und dem Glanz
der Oberflächlichkeiten
und dem ganzen Firlefanz
der bunten Weltlichkeiten,
inkludiert dem Leistungsstreben
in dem Welten-Layrinth,
von diesem unsäglichen Beben
erschreckt und überfordert sind?

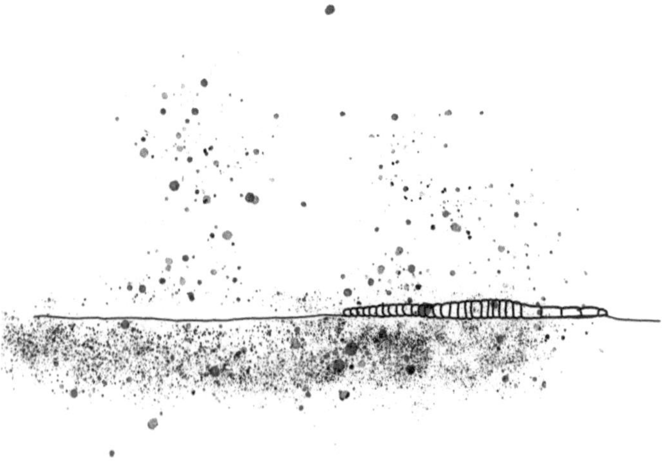

GLEICHKLANG

Glaubst du an einen Gleichklang
zwischen Himmel und Erde?
Manchmal hör ich den Gesang,
wenn ich voll zufrieden werde,
eins mit mir, dem ganzen Leben,
eins sogar mit aller Not.
Dann kann ich das Schwere heben,
meine Seele ist im Lot.
Welch ein Hochgefühl, dies Glück!
Könnt ich es nur ewig halten,
denn schon jedes kleine Stück
wird die Leichtigkeit entfalten.

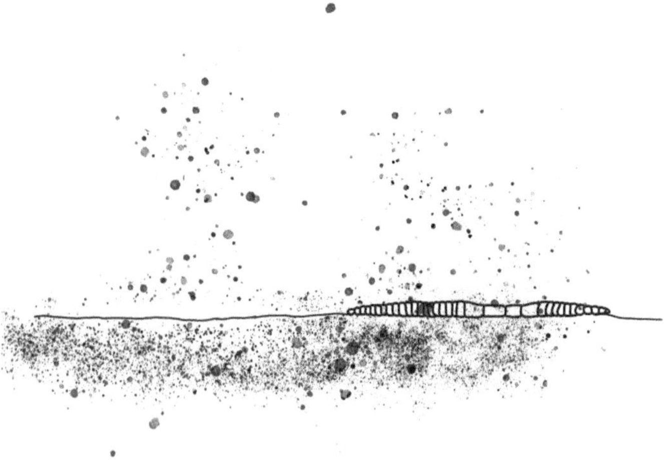

Corona und Ego

Ich glaube, dass Corona uns alle bewegt.
Die einen in Richtung Besinnung.
Bei anderen wird das Denken weggefegt
und jede gut gemeinte Anweisung
mit Wut und Alkohol verschluckt,
so dass das Soziale versiegt
und das Ego aus allen Poren guckt
und sich vor Lachen biegt.

TIERISCHE WERBUNG

Glaubst du, dass der Elefant,
der neben deinem Auto stand,
so plump und auch wohl elegant,
doch irgendwie sehr angespannt,
vielleicht war er schon ausgebrannt,
auf jeden Fall sehr imposant,
um nicht zu sagen dominant,
ein kolossaler Komödiant,
verloren hier im Abendland,
wo dieser Zoo-Repräsentant
von Bayern bis zur Waterkant
entweder gleich als Proviant,
hier nur als Werbe-Hospitant
und monetärer Diamant
sehr gern posiert als Aspirant
für Pflanzenkost, ganz anerkannt?

TOURISMUS

Glaubst du auch, dass der Tourismus
die Menschheit wirklich weiterbringt?
So dass sie ihren Radius
gebildet und sogar beschwingt
erweitert wie ein Lexikon
mit Wissen und Erfahrung
und nichts verkommt im Babylon
der neuen Trend-Begeisterung?

KRAFTFELDER

Glaubst du an die Macht von Worten,
die wir täglich so verbreiten,
oder an die Kraft von Orten,
die so manche Menschen leiten?

Glaubst du, dass das Unsichtbare,
das in unserer Nähe ist,
bleibt das eigentliche Wahre,
das du viel zu leicht vergisst?

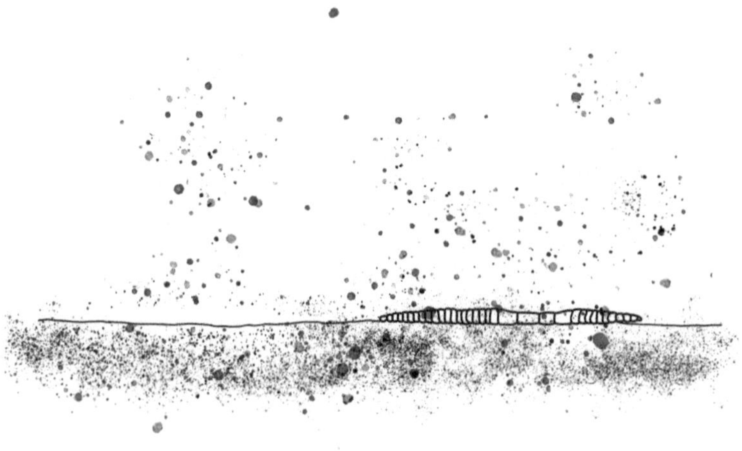

JUGENDWAHN

Glaubst du, dass unsre Gesellschaft
etwas Zentrales verloren hat?
Eine sinnhafte Eigenschaft
die jetzt am Boden liegt, schachmatt.

Denn mir fällt auf, dass jederman
und jede Frau tagaus, tagein
die Jugend sucht. In deren Bann
will niemand alt und weise sein.

Corona

Glaubst du, Corona trägt eine Botschaft?
Mensch, schau dir an, wie ihr lebt,
was ihr aus Gier zusammenrafft,
was euer Ego sich haltlos erstrebt
und wie klein ihr seid unter dieser Last!
Was bleibt von euch ohne Ego und Gier?
Nichts, was eure Sinne erstreben,
hilft gegen das Virus jetzt und hier.

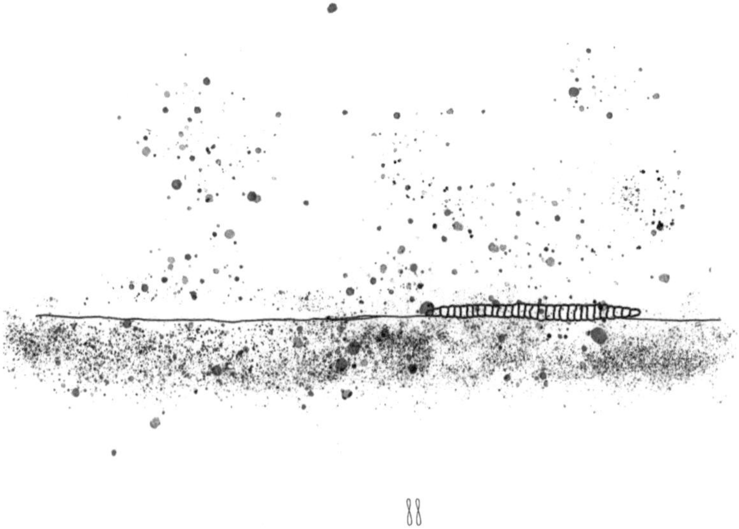

OH LÀ LÀ

Glaubst du, dass der junge Mann
am Frühstücktisch von nebenan …

Ich seh nur seinen T-shirt-Rücken,
vergeh ein wenig vor Entzücken.
Sein Kreuz ist breit und ohne Fett,
doch keineswegs wie ein Skelett,
das Muskelspiel der Schulterblätter
erscheint bei diesem warmen Wetter
ein wenig wie Verheißung pur.
Ich lächle mild und denke nur:
Wie gut, dass die Gedanken frei
für jede Lust-Koketterei.
Ein Enkel könnte er mir sein.
Ich lächle wieder: Wär doch fein …

BÜCHER

Glaubst du, dass ein gutes Buch dich als Mensch verändern kann
und die Schönheit deines Lebens,
die du suchst schon lang vergebens,
und im Alltag längst zerrann,
in seinen Wörtern spüren lässt?

Anfangs wachsen leise Fragen nach dem Sinn der ganzen Last,
die im Tempo aller Jahre
und im Strudel jeder Hast
verkümmerten zu einer Ware,
einem abgestandnen Rest.

Plötzlich kommt die große Liebe, zeigt dir einen neuen Weg.
Du siehst Schönheit, all das Licht
in kleinen Dingen auf dem Steg,
der vor dir wacklig, noch nicht dicht,
dir suggeriert: Bleibt dieses Fest?

Wechselbäder der Gefühle: Hoffnung, Zweifel, wieder Hoffnung.
All das wühlt dich ab und auf.
Jedes Wort 'ne Sinnestäuschung,
liest du wie im Dauerlauf,
bis das Ende dich entlässt.

WEIHNACHTSMARKT

Glaubst du, dass ich überlebe
mittendrin im Massenwahn?
Auf dem Weg zum Saft der Rebe
kriechen wir auf unsrer Bahn,
kämpfen uns durch das Gewühle,
immer mit dem Strom voran.
In mir wachsen die Gefühle,
die ich sonst nicht finden kann.

Plötzlich bleibt die Menge stehen.
Nichts geht mehr, ich atme schwer,
von der Platzangst abgesehen
wird mein Inneres ganz leer.
Warum können alle staunen
über Krippen, Tannenzweige,
Räuchermännchen mit Posaunen,
Rauscheengeln an der Geige?

Alle reden, schauen, lachen,
bummeln mit der Menge mit.
Seh nur ich in diesen Sachen
einen traurigen Verschnitt
der adventlichen Geschichte,
die mit Glanz und Gloria
gütig lächelt im Gedichte:
Nimm es leicht! Halleeeeluja.

STURM

Ich glaube, dass der Sturm,
der draußen seine Runden dreht,
alles Traurige vertreiben kann
mit seiner Wucht, seinem Elan
und der Unermüdlichkeit,
was auch immer zu durchwirbeln:
reichlich Laub, Papier, den Müll.
Die Haare zerzausen,
die Mäntel fliegen,
alles ist in Bewegung.
Öffne das Fenster
und lass das Schwere fliegen.

Alter Schmerz

Glaubst du, dass wir 1000 Dinge tun,
um das eine Wichtige,
das eigentliche Richtige
einfach nicht zu tun?

Auf dass dieses Nicht-Tun
möglichst lange den alten Schmerz,
das verwundete Herz
lässt in Frieden ruhn …?

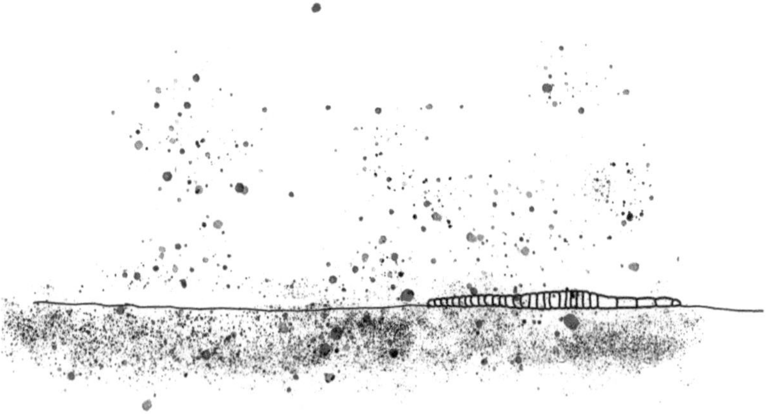

DAS HIMMELSTOR

Glaubst du an ein Himmelstor?
In meinem Traum stand ich davor.
Mit einem edlen süßen Tropfen
wollt ich kühn um Einlass klopfen,
als mein Gewissen sprach bedrückt:

Bist du denn total verrückt?
Warst du etwa immer ehrlich,
niemals für dein Weib beschwerlich?
Diebstahl war nicht deine Sach,
doch dein Schimpfen 100fach
brachte Unglück über die
vis-à-vie.

Suchtest du nicht meist den Vorteil
nur für dich, wie obergeil!
Warst dir wichtig, dir allein!
Und willst jetzt ein Engel sein?

So schaute ich nochmal zurück
auf mein Leben Stück für Stück.
Sah auf einmal vieles neu,
etwas schüchtern, fast schon scheu.
Ach was soll's, hab ich gelacht,
ich bin für jede Welt 'ne Pracht,
und auf sanften Engelsschwingen
wird mir auch der Rest gelingen.
Denn im Kern bin ich sehr gütig,
offen, lieb, nie wankelmütig.

So fragte ich mich, ob ich bliebe,
wo im Himmel ist nur Liebe …?

Innere Unruhe

Ich glaube, dass es eine innere Unruhe gibt,
die sich wie ein fetter Wurm
durch deine Eingeweide schiebt,
ein Seelensturm,
der das Chaos liebt,
ein körniger Gedankenturm,
der den Ausweg versiebt.

Die Möbel deines Lebens

Glaubst du, dass du dein Leben richtig möbliert hast?
Hast du genug Zimmer für all deine Wünsche, Pläne und Träume,
für deine Ziele, die du einst mit viel Euphorie hast gefasst?
Geh durch dein Haus, durch all deine Räume.
Schau dich ganz genau um.

Sind deine Zimmer auch groß genug, dass sie ausreichend Platz haben
für jeden einzelnen Wunsch, jeden Plan, jeden Traum?
Oder sind sie zu eng, zu klein, zu vollgestopft für all deine Gaben.
Wenn du irgendwann ernten willst, so braucht alles seinen Freiraum.
Was ist eigentlich in dir drin?

Glaubst du, dass du dein Leben richtig möbliert hast?
Manchmal stehn die Dinge noch genauso wie am Anfang.
Dann war dein ganzes Leben eine endlose Rast.
Nur die Folge von hohen und tiefen Tönen macht einen Gesang.
Es genügt ein Raum mit Musik darin.

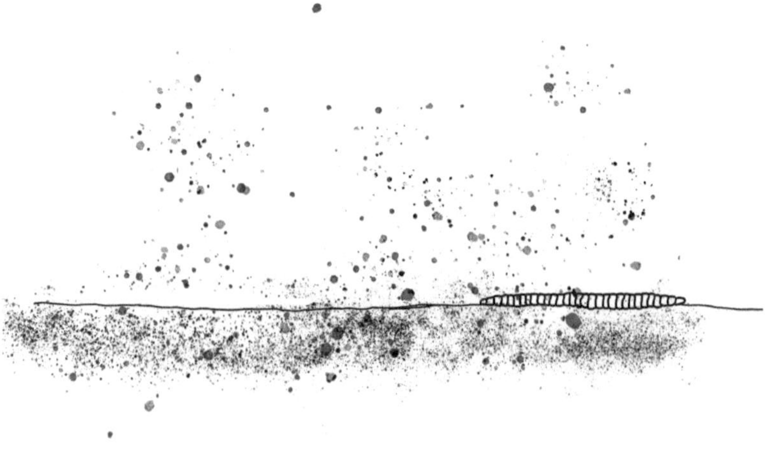

SCHREIBEN

Ich glaube, dass ich schreibe,

um zu verstehen, was ich denke,
wenn ich mein Herz verschenke,
um zu sortieren, was ich fühle,
in meiner Alltagsmühle,
um zu glauben, was ich sehe,
wenn ich die Dinge nicht verstehe,
um zu finden, was ich suche,
wenn ich träume an der Buche

und Frieden finde, wenn ich bleibe.

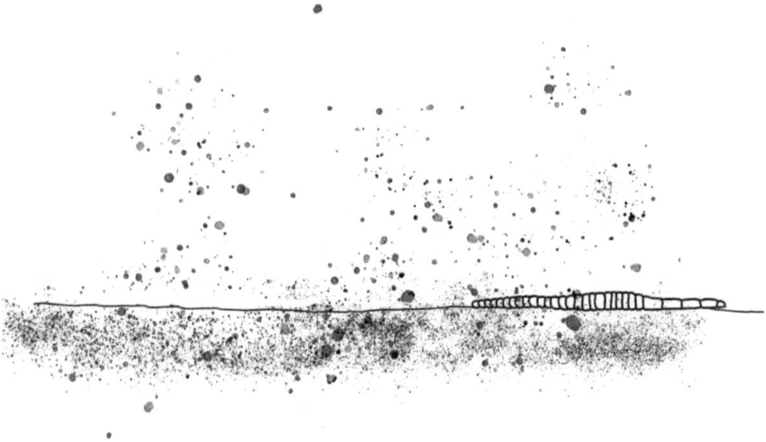

Das Leben

Glaubst du, dass unser Leben
ein Spiel ist?

ein ständiges beben
eine list
ein ineinanderweben
eine frist
ein sich-verheben
ein humanist
ein träumer zugegeben
ein extremist
ein widerstreben
ein gitarrist
ein harmonisches entschweben
ein zwist
ein aneinanderkleben
oder doch ein karnevalist
ein närrisches erleben

...

?

WINTERLICHT

Glaubst du an die Winterdepri,
die dir so zu schaffen macht?
Fehlt dir wirklich Sonnenlicht
oder vielmehr Freude, die
dir tief in deine Seele lacht
und Liebesworte spricht?

Hausarrest

Und wieder sollen wir zu Hause bleiben,
maximal die Nasen reiben
an den großen Fensterscheiben.

Es gibt kein Samstags-Kesseltreiben,
kein enges Beieinanderbleiben,
einfach nur ein Drinnenbleiben.

Ohne jedes Faschingstreiben,
uns ein Bierchen einverleiben,
um die Geister zu vertreiben.

Dass Kontakte unterbleiben;
möchte niemand übertreiben,
aber auch nicht übrigbleiben.

Diesen Zustand zu umschreiben,
wird mir einzig übrigbleiben.
Glaubst du, dass wir übertreiben?

Gutes Leben

Glaubst du, du lebst ein gutes Leben
in dem alltäglichen Streben

nach Familie,
Beruf,
viel Geld,
Komfort,
vielen Freunden,
und großen Zielen?

Wie verlässlich ist dein Sein?
Was bist du ohne das Getriebe,
nur mit dir allein?
Und wo ist deine Eigen-Liebe?

DAS GRAUE HAAR

Glaubst du, dass das graue Haar,
das dort aus deiner Nase wächst,
sich borstig reckt von Jahr zu Jahr
und stört, wenn du die Lippe leckst,
tatsächlich deine Schönheit krönt?

Es stimmt, das Haar ist beispiellos,
doch weder kess noch witzig chic.
Es wirkt ganz einfach kurios
wie ein makabrer wüster Tick.
Besonders, weil es ungetönt.

WORTE

Glaubst du an die KRAFT der Worte?
Dass sie sagen uns viel mehr,
als wir sehen, schreiben, hören
oder deuten viel zu sehr,
bis sie unsre Wege stören.

Glaubst du an den KLANG der Worte?
Sie umschmeicheln unsere Herzen,
fangen unsere Sehnsucht ein,
manchmal so, dass sie uns schmerzen.
Doch die Wörter klingen fein.

Ich glaub an den REIZ der Worte,
ihre Vielfalt, ihren Hang,
uns die Welt in ihrem Spektrum
zu erklären ohne Bang,
ohne Not und Publikum.

Glaub an das Leben

Ich wünsche dir Kraft, ich wünsche dir Mut.
Könnte ich nur sagen: Es wird alles gut!
Wie oft hast du mir schon Halt gegeben
und mir gesagt: Glaub an das Leben!

Alles, was hier und heute geschieht,
ist verknüpft mit dem Gestern und Morgen und sieht
im Augenblick manchmal finster aus,
doch glaub an das Leben, lass die Chance heraus.

Der Morgen kommt, du bist wieder stark,
Optimismus geht dir durch Bein und Mark.
Alles hat wieder ein neues Gesicht.
Glaub an das Leben, vergiss die Freu(n)de nicht.

Irgendwann ist jeder Kampf zu Ende.
Du schreibst, es ist gut so. Brauchst du die Wende,
damit du neu beginnen kannst? Daneben
hat dein Rat schon Früchte getragen: Ich glaub an das Leben.

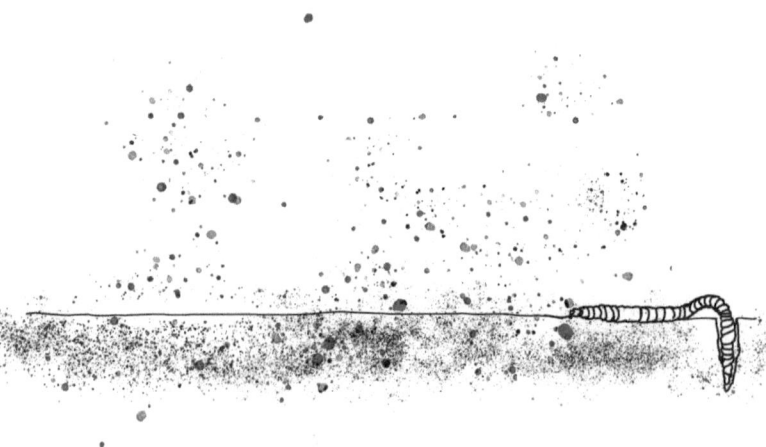

SCHNEE

Schneemassen
türmen sich in den Gassen.
Ich kann es kaum fassen,
wie die Gärten verblassen
und kein Gras mehr hinterlassen.

Schneemänner verschiedener Klassen
haben viel Phantasie entstehen lassen.
Kinder werden nach draußen gelassen,
rein gar nichts wollen sie verpassen,
gar zu selten sind die weißen Massen.

Und ich kann den Hund nicht mehr schmoren lassen.
Er winselt am Fenster, um mich wissen zu lassen,
dass ihn nichts mehr hält. Er will ausgelassen
den Schnee umfassen,
seine Nase darin stöbern lassen.

Alle Aufgaben werden nun liegengelassen.
Pause machen, mit Übermut prassen,
so heißt es heute ausgelassen,
einfach mal selig Dampf ablassen.
Ich glaube, unser Glück kann sich sehen lassen.

VERGANGENHEIT

Glaubst du, dass Vergangenheit,
vergangnes Leid,
ist gern bereit
sich anzuschmiegen?

Glaubst du, dass Vergangenheit,
vergangne Freud,
ist gern bereit
davonzufliegen?

Ich glaube, dass Vergangenheit
die Freud, das Leid,
sind gern bereit,
uns zu besiegen.

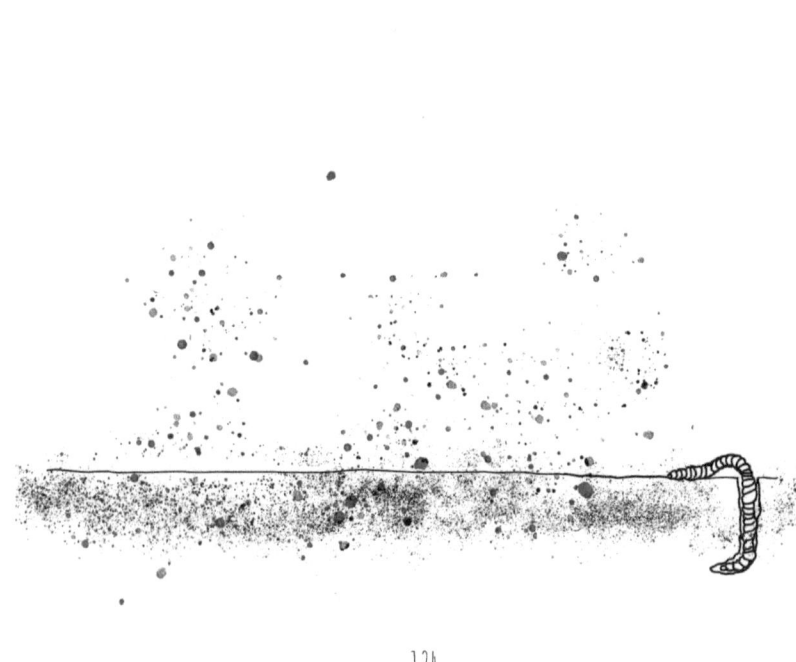

VERSTAND

Glaubst du auch, dass mein Verstand,
mich lange hält in seiner Hand?
Nur ich alleine seh es nicht
als Super-Meinungsschwergewicht.

Nicht-Zu-Denken nur zu denken
und dem Kopf mal Ruh zu schenken,
war und ist ein No-Go pur.
Weil's nicht klappt. Ist das Dressur?

November

Glaubst du auch, dass der November
seinen Charme verborgen hält?

Darum liebst du den September
als des Sommers Abschiedsheld.

Doch dieser Herbst mit seinen Farben
bringt Gemütlichkeit und Licht.

Niemand muss jetzt wirklich darben,
nimm ein Buch, lies ein Gedicht.

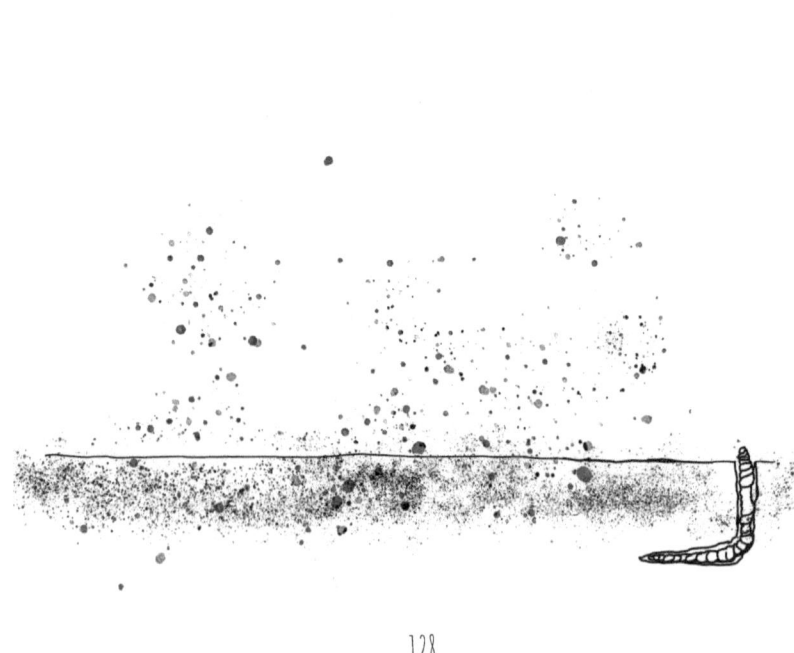

WEIHNACHTEN

Ich glaub, dass Weihnachten in diesem Jahr
ein neues Kleid bekommen kann.
Was all die Jahre doch geschah,
war, dass der gute Weihnachtsmann
von allem viel zu viel uns brachte
und wir nicht sahen, was er dachte.

Die vielen Lichter schienen hell
und brachten Glanz in unseren Tag
so wie ein Bühnenbildmodell.
Was Weihnachten jedoch vermag,
dass unsre Herzen sich verbinden,
das konnten wir meist nicht empfinden.

DER FRÜHE WURM

Glaubst du, dass der frühe Wurm
wartet auf den Vogel?
Dass er zeigen will der Welt
seine Klugheit, seinen Geist,
wenn er dann ob Dunst, ob Sturm
und ohne Tricks und ohn Gemogel
blitzschnell türmt zur Unterwelt,
wo er seine Freiheit preist.

Zeitfracht Medien GmbH
Ferdinand-Jühlke-Straße 7
99095 Erfurt, Deutschland
produktsicherheit@kolibri360.de